EDI
CÓM(
SU INF...

MW00723725

POR LEN GAUTIER

Cosas que usted necesita saber

Si usted no es merecedor de crédito, no puede:

Comprar un auto, una casa, un barco o muebles

Alquilar un apartamento

Incluso, algunos TRABAJOS exigen un perfil.

Aprenda Cómo:
• Obtener su Informe
• Leerlo
• Corregirlo
• Construir un Perfil Limpio

Más Consejos, Trampas y Hechos

CONTENIDO

OBJETIVO DEL LIBRO

Este libro no pretendía ser muy extenso. Fue diseñado para ser un guía con datos sencillos sobre cómo manejar la deuda y la gratificante recuperación de ella.

El libro incluye hechos, información básica pero vital y sugerencias para seguir cuando se esté saliendo de esa fosa. Se desea que alerte a los lectores acerca de los signos de peligro y de las soluciones que pueden emplear para finalmente llevar una vida financiera saludable y sin estrés.

No todo lo que se debe saber está en este libro. Pero es un buen inicio. Realmente espero que la información suministrada en esta guía sea útil mientras empieza a controlar su crédito y a perseguir sus metas.

NOTA DEL AUTOR

La deuda afecta tanto a los hombres como a las mujeres, pero para una mejor descripción, se usará el masculino como pronombre operativo en este libro.

RECONOCIMIENTOS

De acuerdo con su objetivo y compromiso de llevar el conocimiento a todas las comunidades de Estados Unidos, el editor, MSP Holdings, LLP, se complace en presentar esta edición en español de *"Cómo Entender Su Informe de Crédito"* a la comunidad de habla hispana. Este emprendimiento hubiera sido una gran frustración si no fuera por el excelente servicio de traducción que nos brindó:

ALBOUM & ASSOCIATES
Servicios de Traducción e Interpretación
www.alboum.com
sandra@alboum.com
Teléfono: 571-241-3060

Un agradecimiento especial para Theresa Welling por sus excelentes servicios con la maquetación de este libro; y a Amarily Norton por su apoyo y esfuerzo con la revisión del libro.

Reconocemos y expresamos nuestra más profunda gratitud por su empeño especial en la traducción del inglés al español del manuscrito. *¡GRACIAS!*

"Si usted no sabe a dónde va, cualquier camino le llevará".

—Anónimo

PRÓLOGO

Este es un libro fuente que puede responder la mayoría de preguntas acerca de las calificaciones del crédito y cómo pueden afectar cada aspecto de su vida. Está lleno de información para todos sin importar la edad, estado financiero o ingreso. Consúltelo según lo necesite para buscar respuestas o consejos.

Cuando empecé a pensar en este libro y en cómo podría ayudar a las personas a entender la importancia de mantener un buen perfil de crédito, y tuve la oportunidad en mi trabajo de sostener conversaciones informales con una buena cantidad de jóvenes. Fue impactante aprender que pocos sabían siquiera lo más mínimo sobre centrales de crédito o su función en la vida cotidiana.

Indagando un poco, empecé a hacer preguntas simples a mis amigos y familiares. La mayoría de las respuestas fueron desalentadoras. También pregunté a asesores escolares sobre su opinión acerca de tener un libro como este en la biblioteca escolar para los graduandos. La respuesta fue positiva unánimemente. Sólo entonces empecé a compilar datos y a preparar una presentación sencilla, directa y fácil de entender.

HISTORIA

Antes de la aparición de los computadores, uno no podía entrar a un banco o a una venta de autos y esperar la aprobación instantánea de un crédito. Cada ciudad o pueblo tenía una central de crédito donde toda la información, buena o mala, estaba archivada. El vendedor tendría que pedir al solicitante que volviera en un día o más para saber la decisión acerca de su confiabilidad de crédito.

Desde la llegada de la era de los computadores y de las grandes agencias de reporte de crédito centralizadas, las decisiones pueden tomarse en cuestión de minutos o segundos. Así, cuando su vendedor de autos va a ver si su gerente aprueba su oferta, por seguro sacará un reporte de crédito basado en la información que usted le dio en su solicitud. Además, no se sorprenda si en su próxima entrevista de trabajo, la compañía visita su expediente de crédito. Las compañías de seguros hacen esto regularmente. Más aún, si usted se atrasa en sus pagos, esto podría afectar su solicitud para efectos de niveles de seguridad.

¡ESTÉ PREPARADO!

Al principio de la década de los 60, multitudes de consumidores para crédito crearon una urgente necesidad por un acceso rápido a información de crédito precisa. Los acreedores deseaban un sistema que fuera capaz de suministrar datos instantáneos sobre la solidez de crédito de los solicitantes.

En 1962, una firma llamada *Credit Data* salió adelante y fue la pionera en el país en tener un sistema de informes de crédito totalmente sistematizado. También instalaron equipos de teleprinter en los negocios de los suscriptores, y suministraron a los acreedores con un enlace directo a los anticuados archivos de computador.

Credit Data fue comprada por TRW en 1969 y la base de datos de consumidores siguió creciendo.

En ese momento TRW era capaz de producir 400,000 reportes de crédito al día de una base de 133 millones de consumidores. Eso representaba una capacidad de 45,000 consultas por hora. Su capacidad de actualización era de cerca de 4 mil millones de transacciones al año.

Actualmente TRW se conoce como Experian.

CAPÍTULO UNO

Cómo obtener y leer su informe de crédito

ES CIERTO: Con un informe de crédito malo usted no puede, o sería muy difícil:

- OBTENER UNA HIPOTECA

- COMPRAR O RENTAR UN AUTO

- RENTAR UN APARTAMENTO

- OBTENER UNA TARJETA DE CRÉDITO

- COMPRAR MUEBLES

- CONSEGUIR UN TRABAJO SI REVISAN SU INFORME DE CRÉDITO

SÚBASE AL VAGÓN RÁPIDO

Entre más temprano en la vida usted entienda la importancia de mantener un perfil perfecto, mejores serán sus oportunidades de tener un estilo de vida más feliz y más gratificante.

Algunas veces la vida se interpone. Las personas pueden endeudarse, aunque no por su propia culpa, debido a la pérdida de su trabajo, o por tener una enfermedad larga, o por sufrir un accidente. Pero recuerde, puede haber un plan de recuperación si usted sabe cómo tomar las medidas necesarias.

(Ver Capítulos 7 y 8)

DÓNDE CONSEGUIR SU INFORME DE CRÉDITO

Informe de crédito gratuito

La ley federal le da a usted derecho a obtener un informe de crédito gratuito una vez cada doce meses, si usted lo solicita. Para este propósito, las tres agencias de reporte han establecido la siguiente fuente centralizada de información:

Sitio Web: *www.annualcreditreport.com*

SOLICITUD DE INFORME ANUAL DE CRÉDITO
P.O. Box 105281
Atlanta, GA 30348-5281
1-877-322-8228 (1-877-FACTACT)

Pueden obtenerse informes de crédito adicionales contactando a las tres principales agencias de reporte que siguen:

EQUIFAX
P.O. Box 740241
Atlanta, GA 30374
800-685-1111
Sitio Web: *www.equifax.com*

EXPERIAN
Oficinas principales:
475 Anton Blvd
Costa Mesa, CA 92626

Ó

955 American Lane
Schaumburg, IL 60173
888-397-3742 (1-888-EXPERIAN)
Sitio Web: *www.experian.com*

TRANSUNION
P.O. Box 2000
Chester, PA 19022
800-916-8800
Sitio Web: www.transunion.com

¡DEJE DE BUSCAR PRETEXTOS YA!

Recuerde, "Tic – tac – tic – tac'.

—Big Ben

Su Informe de Crédito

Cuando solicite su informe, asegúrese de incluir lo siguiente:

- Su nombre completo *incluyendo la inicial del segundo nombre*

- Su dirección completa

- Su número de Seguridad Social

- Su fecha de nacimiento

- Su número telefónico

- Un recibo de servicios públicos (copia) *o cualquier otro correo dirigido a su dirección.*

- Un cheque por $9.50. *Las reglas pueden variar dependiendo del estado. El cobro no se aplica a su informe de crédito gratuito.*

Usted necesita saber lo que su informe de crédito dice acerca de usted, ya que los prestamistas querrán saber qué tan puntual ha sido al pagar sus cuentas en el pasado. Es la única forma de determinar si usted es un buen riesgo de crédito.

CÓMO LEER SU EXPEDIENTE DE CRÉDITO

Esta sección incluye su nombre, direcciones actuales y pasadas y otra información de identificación reportada por los acreedores.

Esta sección incluye elementos de registros públicos obtenidos de tribunales locales, estatales y federales.

Esta sección incluye todas las cuentas que los acreedores han remitido a una agencia de cobranza.

Esta sección contiene cuentas abiertas y cerradas.
1. El otorgante del crédito que reporta la información
2. El número de cuenta reportado por el otorgante
3. Ver explicación más adelante
4. El mes y año en que el otorgante abrió la cuenta
5. Número de meses que el historial de pago de la cuenta ha estado reportada
6. La fecha del último pago, cambio u ocurrencia
7. La máxima cantidad cargada o el límite de crédito
8. Número de cuotas o pagos mensuales
9. La cantidad adeudada a la fecha del reporte
10. La cantidad delincuente a la fecha del reporte
11. Ver explicación más adelante
12. Fecha de la última actualización de la cuenta

Esta sección incluye una lista de comerciantes que ha recibido su informe de crédito durante los últimos 24 meses.

Cuenta de quién
Indica quién es el responsable por la cuenta y el tipo de cuenta.
- J: conjunta
- I: individual
- U:
- A: Usuario autorizado
- T: terminada
- M: tomador
- C: codeudor
- B: a nombre de otra persona
- S: compartida

Estatus tipo de cuenta
- O: abierta (todo el saldo se vence cada mes)
- R: rotativa (cantidad a pagar varía)
- I: cuotas (número fijo de cuotas)

Plazos de pago
- 0: aprobado no usado; muy nuevo para calificar
- 1: pagado según lo acordado
- 2: vencido 30 días
- 3: vencido 60 días
- 4: vencido 90 días
- 5: paga o pagado después de 120 días; o cuenta en cobro
- 7: Hace pagos regulares bajo plan de asalariado o acuerdo similar
- 8: reposesión
- 9: calificado como deuda mala

Cómo Leer su Informe de Crédito

Por favor enviar toda la futura correspondencia a: Credit Reporting Agency
Dirección comercial
Ciudad, Estado 00000

MUESTRA DE EXPEDIENTE DE CRÉDITO

Información de identificación personal

Su nombre # de Seguridad Social 123-45-3789
123 dirección actual   Fecha de nacimiento: 10 de abril de 1940
Ciudad, Estado, 00000

Dirección(es) anterior(es)
456 Calle anterior, Atlanta Ga 30000
P.O. Box 1111, Savannah, Ga 40000

Último empleo reportado: Ingeniero, Planeación de autopistas

Información de registros públicos

Embargo presentado el 03/93; Fulton Cty; Caso número u otra identificación-32144; cantidad-$26667
Clase-Estado: liberado 07/93; verificado 07/93

Expedientes de quiebra 12/92; Distrito Norte Ct; Caso número u otra identificación-673HC12;
Pasivos-$15787; personal; individual; rehabilitado; activos-$780

Expedientes de juicio satisfechos; Fulton CTY; Caso número u otra identificación-898872; acusado-
Consumidor; cantidad-$8984; demandante- ABC Real Estate; satisfecho 03/95; Verificado 05/95

Información de cuenta de agencia de cobranza

Pro Coll (800) 111-11111

Cobro reportado 05/96; asignado 09/93 a Pro Coll (800) 111-1111 Cliente ABC Hospital;
Cantidad- 978; sin pagar; saldo $978; fecha de última actividad 09/93; cuenta individual;

Información de cuenta de crédito

Nombre cia	# cta.	Cta de quien	Fecha apertura	Meses revisados	Fecha de última actividad	Alto crédito	Términos	Elementos a fecha de reporte Saldo	Vencido	Estado	Fecha de reporte
1	2	3	4	5	6	7	8	9	10	11	12
Depto St.	32514	J	10/86	36	9/97	$950		$0		R1	10/97
Banco	1004735	A	11/86	24	5/97	$750		$0		I1	4/97
Cia de petroleo	541125	A	6/86	12	3/97	$500		$0		O1	4/97
Financ. Auto	529778	I	5/85	48	12/96	$1100	$50	$300	$200	I5	4/97

Historia previa de pagos: 3 veces 30 días de delincuencia; 4 veces 60 días de delincuencia; 2
veces 90+ días de delincuencia
Estado anterior: 01/97 - 12; 02/97 - 13; 03/97 - 14

Compañías que han solicitado su expediente de crédito

09/06/97 Equitax - disclosure	08/27/97 Tienda de departamentos
07/29/97 PRM Bankard	07/03/97 Tarjeta bancaria AM
04/10/97 Tienda de departamentos AR	12/31/96 Equifax - disclosure ACIS 123456789

Las siguientes consultas NO son informadas a los comercios:

PRM - Este tipo de consulta significa que únicamente su nombre y dirección
fueron suministrados al otorgante del crédito para que pudieran ofrecerle una
solicitud de crédito. (Las consultas PRM permanecen en el expediente durante 2
meses).

AM o AR - Estas consultas indican una revisión periódica de su historia crediti-
cia por parte de uno de sus acreedores. (Las consultas AM y AR permanecen en
el expediente durante 12 meses).

EQUIFAX, ACIS o UPDATE - Estas consultas indican la actividad de Equifax en
respuesta a su solicitud de una copia de su archivo de crédito o una solicitud de
investigación.

PMR, AM, AR, Equifax, ACIS, Update e INQ - Estas consultas no aparecen
en el expediente de crédito que reciben los comercios, sólo en copias
suministradas a usted.

Su Informe de Crédito

La mayoría de las tiendas de cadena, bancos, instituciones de crédito y compañías de tarjetas de crédito reportan a las tres agencias de reportajes más grandes mensualmente. Ellos dan información—buena o mala—acerca de su record de pagos tal como "a tiempo", "nunca tarde", "pagó según lo acordado", etc. Es muy importante que esta información sea correcta.

Su primer paso para ordenar su casa sería solicitar su perfil personal a las tres agencias y verificar su exactitud.

Los doctores, propietarios de negocios pequeños, firmas de crédito secundarias y otros usualmente no reportan. PERO, cuando su cuenta se envía a una agencia de cobros, esa agencia SI reportará. Entonces desencadenarán una horda de llamadas de cobros a su casa u oficina y le amenazarán con "poner culebras en su cama".

Otras personas y compañías podrán añadir cosas rutinariamente a su expediente de crédito, así que es importante que esté revisando periódicamente para ver su exactitud.

SU PERFIL DE CRÉDITO CONSISTE DE CUATRO SECCIONES

1. Un registro de todos los saldos pendientes y cuentas delincuentes.

2. Una columna de límites de crédito, saldos e historia de pagos.

3. Un registro de todos aquellos que han pedido ver su expediente y la fecha.

4. También puede mostrarse un intento de robo de identidad y los nombres de los anteriores empleadores.

AHORA LA PARTE FÁCIL

¿Cómo puede obtener su informe de crédito gratis? *(Ver página 3)*

Adicionalmente, si usted ha sido rechazado para un crédito, tiene derecho a una copia gratuita de su reporte, siempre que la solicite dentro de los siguientes 60 días. Envíe una copia de la carta de rechazo a una o a las tres agencias de reporte junto con su petición.

CUIDADO, LA TRAMPA

¿Le suena familiar?

"¿Sabe cómo es su informe de crédito?" "Vea cómo puede hacer una verificación de su crédito gratis". *(La palabra GRATIS se menciona en este anuncio por lo menos seis veces).* "Llame al 800-XXXX".

Mejor tenga su tarjeta de crédito a mano porque el costo es de $79.95. Si usted pregunta "¿Qué le pasó a lo *gratis*?" le colgarán el teléfono.

Por otro lado, ofrecerán monitorear su perfil por un tiempo y tienen una cláusula de cancelación de sesenta días. Esto me suena como una práctica comercial en la cuerda floja. ¿Por qué la querría usted? Usted puede comprar *nueve* informes de crédito por ese precio.

El autor Dan Poynter dice, "La gente se cansa de las ofertas *GRATIS* que terminan costándoles dinero".

ALGUNAS RAZONES GENERALES PARA RECHAZOS DE CRÉDITO

- no tener historia de crédito

- no tener dirección permanente

- estar desempleado o tener bajos ingresos

- historia de pago lenta o deficiente

- quiebra

- retenciones de impuestos

- la relación deuda—ingreso es muy alta. Esto significa que la persona no tiene suficiente ingreso para absorber más crédito.

SU INFORME DE CRÉDITO Y COBERTURA DE SEGURO

De acuerdo con un artículo de la revista *Money Magazine*, más de 300 aseguradoras de hogar y de autos consultan regularmente las agencias de reporte de crédito. ¿Por que? Porque si usted tiene un crédito que no es perfecto, se le podría negar la cobertura o desviarse a corredores con tasas mucho más altas de acuerdo con la revista. Los archivos que guardan LAS TRES GRANDES son más precisos y confiables que los registros para conducir.

Un buen paso para mantener su record intacto es cancelar, cortar y devolver las tarjetas que tenga de más.

CONSEJO: Para más seguridad, corte los números finales de su tarjeta y no envíe esa parte por correo.

Los prestamistas creen que usted tiene el potencial de endeudarse cargando todas las tarjetas hasta su límite. Pero espere, aún no destape la champaña. Espere un poco, y obtenga tres nuevos informes de crédito para asegurarse que todos dicen *cerrado por el cliente*. Luego celebre.

> Como dicen en Nueva Orleáns,
> *"Laisser les bon temps rouler"*.
> (Deje que los buenos tiempos rueden).

ENTIENDA ESTO: Su informe de crédito es mucho más que un resumé o una historia pasada de cómo usted maneja su crédito. Es un documento valuable que puede ayudarle a conseguir crédito cuando usted más lo necesita.

Cuando usted solicita un crédito, el prestamista examinará cómo ha manejado su crédito en el pasado, así como otros factores pertinentes al expediente, para determinar si usted es un buen riesgo en este momento.

Más aún, algunos empleadores pueden verificar su informe de crédito antes de hacer un contrato de empleo. Lo mismo se aplica cuando intente rentar un apartamento. Hay una gran cantidad de otras razones por las que la gente revisa su expediente.

¿QUÉ PASA CON LA INFORMACIÓN EQUIVOCADA EN EL EXPEDIENTE?

Los errores pueden ocurrir y deben corregirse. Si encuentra un error en su informe de crédito, ESCRIBA al Departamento Central y pídales que verifiquen la información. Si ellos no pueden, ellos tienen que retirarla del expediente.

Usted puede pedir que envíen un informe corregido a cualquier prestamista que ha solicitado un informe en los últimos seis meses y, por supuesto, uno a usted. *Haga esto con las tres agencias de reporte.*

CONSEJO: Nada es más frustrante que extraviar o perder una tarjeta de crédito y no tener un registro a la mano sobre su número de cuenta y dónde llamar para reportar el incidente.

Tómese su tiempo para hacer un registro de todas sus tarjetas y guárdelo en un sitio seguro.

Su Informe de Crédito

Nombre de la tarjeta	Teléfono	Tarjeta #

HECHO: Para asegurar que no haya accesos fraudulentos ni injustos a los expedientes de crédito, los Documentos de Crédito emiten contraseñas secretas para sus suscriptores. Los prestamistas protegen celosamente estos códigos aún en memorandos internos. Nunca son divulgados, se guardan con cuidado y se cambian periódicamente, especialmente cuando un empleado operativo se marcha.

HECHO: Los empleadores no pueden obtener legalmente su informe a menos que usted lo autorice. Usualmente se otorga el permiso en la solicitud de empleo que usted firmó durante el proceso de contratación.

HECHOS QUE USTED DEBERÍA SABER

La historia de pagos de su expediente de crédito es entregada a Equifax por garantes de crédito con quienes usted tiene crédito. Esto incluye tanto cuentas abiertas, como las que han sido cerradas.

El pago total no retira su historia de pagos. La cantidad de tiempo que permanece la información en su expediente es:

- Créditos y cuentas de cobro—siete años.

- Registros de juzgado—siete años desde la fecha en que se archivó, excepto por quiebra.

- Quiebra—los capítulos siete y trece permanecen durante diez años desde la fecha de su registro.

NOTA: Una sentencia de divorcio no sustituye el contrato original con el acreedor y no le libera de la responsabilidad legal en ninguna de las cuentas conyugales. Usted debe contactar a cada acreedor y buscar su liberación legal de la obligación. Sólo después de eso puede actualizar su historia de crédito.

Su Informe de Crédito

Puede que parezca que hay cuentas duplicadas reportadas en su expediente de crédito. Esto puede ser porque algunos garantes de crédito emiten cuentas rotatorias y a plazos. Otra razón es que cuando usted se muda, algunos garantes de crédito transfieren su cuenta a una ubicación diferente y emiten otro número de cuenta.

El saldo de cuenta reportado es el saldo *en la fecha en que la fuente reportó al Departamento Central.* Si el saldo reportado era correcto al día del reporte, no es necesario volver a investigar.

Si la nueva investigación termina en el cambio o la eliminación de cualquier información por la que usted esté preocupado, usted puede pedir que se envíe un informe de crédito a cualquier prestamista que haya recibido su informe en los últimos seis meses.

Esta información es verdadera para las tres agencias de reporte de crédito: Equifax, Experian y TransUnion.

CAPÍTULO DOS

Tarjetas para jóvenes de universidad

TARJETAS PARA JÓVENES

En casi todas las ferias universitarias a las que he asistido, las compañías de tarjetas de crédito estuvieron presentes ofreciendo sus tarjetas a los estudiantes ansiosos por tener crédito. Los reclutadores del Ejército y de la Armada Naval también estaban allí con sus fantásticos uniformes bien planchados y sus zapatos lustrados a la perfección.

En las ferias, las mesas de los representantes estaban llenas de lujoso material con solicitudes de tarjetas, volantes y regalos. El discurso era siempre el mismo, "Sólo se toma un minuto. No hay codeudores. No hay cuota. No hay preocupaciones". Estas ofertas, junto con los regalos, están diseñadas intencionalmente para ser productivas en cuanto a atraer a los estudiantes a "firmar".

Otras fuentes de ofertas de tarjetas de crédito pueden encontrarse casi en todas partes del campus: Adentro de bolsas plásticas en la librería, a través de correo directo, en anuncios en las páginas Web de la universidad, en revistas estudiantiles y en varios eventos. Todos estos anuncios se enfocan a tentar a los estudiantes inseguros y vulnerables.

MERCADEO DE TARJETAS DE CRÉDITO PARA ESTUDIANTES— CÓMO SE HACE

En EE.UU. y Canadá hay aproximadamente 5,000 universidades, y cerca del 62% tienen acuerdos con emisores de tarjetas de crédito.

Algunas universidades contratan únicamente con un banco y no permiten que otras compañías hagan mercadeo en el campus. ¿La razón? Ellos reciben un porcentaje de todas las compras hechas con las tarjetas, o tal vez una tarifa fija por cada solicitud que es llenada. La parte valiosa es que este dinero va hacia becas o para patrocinar eventos en el campus.

Las firmas de mercadeo en el campus hacen todas las citas y proveen a todos sus representantes con solicitudes, provisiones, entrenamientos, y arreglan para las mesas o carpas.

También se proveen incentivos de regalo como audífonos, camisetas, gafas de sol, bolígrafos y otras cosas. Estas ofertas pueden ser muy tentadoras para alguien que está fuera de casa por primera vez.

Su Informe de Crédito

La comisión normal para los representantes es de aproximadamente $3.50 por cada solicitud llena, sin importar la aceptación. Muchos estudiantes de pregrado llenan solicitudes tanto para VISA como para MasterCard, y los representantes pueden recoger hasta 300 solicitudes por día.

Las universidades son concientes de los riesgos que vienen con estas tarjetas de crédito tan fácilmente adquiridas y tratan de combatir esta situación potencialmente riesgosa entregando panfletos sobre la responsabilidad fiscal, y programan seminarios sobre la materia, pero tristemente, estos seminarios no tienen mucha audiencia.

Si los estudiantes están alegres o en desesperación, la tentación de comprar a crédito algunas veces es muy grande de resistir. Y cuando se presenta la presión de compañeros o presión social, hasta el estudiante más pobre puede decirle adiós a la precaución, con fatales consecuencias en el camino futuro.

Otro efecto negativo de tener una tarjeta de crédito propia es que el estudiante puede sentirse libre del control de sus padres y así, debilitizar el lazo familiar.

Nuevamente, antes de pasar por los salones de las grandes universidades, un buen evento sería tener una reunión familiar. La reunión debería incluir una charla acerca de las duras realidades de la vida universitaria. Los padres enseñan a sus hijos cómo conducir. ¿Por qué no enseñarles cómo manejar el dinero?

El padre debería darle al estudiante una tarjeta de crédito con doble firma y con crédito limitado con la promesa de no coger más tarjetas de crédito.

Qué gran regalo de despedida.

UN BOLSILLO LLENO DE PLÁSTICO PUEDE MORDERLO

HECHO: Walter Cavanagh, de Santa Clara, California, tiene el Record Mundial Guiness por acumular 1,397 tarjetas de crédito vigentes. El Sr. Cavanagh adquirió muchas de estas tarjetas de manera gratuita. Pero, su crédito total era más de 1.65 millones de dólares.

No hay duda en que es fácil obtener tarjetas de crédito. Pero, el riesgo de cargar a los límites de sus tarjetas y meterse en la prisión por miedo de los deudores es muy alto. Es mejor limitar sus tarjetas de crédito a sólo dos: Una para los negocios, otra para uso personal. Si tiene más, haga una cirugía plástica.

CIRUGÍA PLÁSTICA

HASTA EL MOMENTO NO SE HAN CONOCIDO O REPORTADO EFECTOS SECUNDARIOS GRAVES

Tarjetas para jóvenes de universidad

Reimpreso con permiso concedido por John R. Rose, Byrd Newspapers of Virginia. Todos los derechos reservados.

No importa nuestra etapa en la vida: todos deberíamos conocer los contenidos de nuestro perfil. En la universidad, no es poco frecuente que estudiantes que tienen problemas pagando *únicamente el mínimo* acumulen más tarjetas, y luego utilizan avances en efectivo de las tarjetas nuevas para pagar las otras. Esta práctica pronto los alcanza, pero entonces ya es muy tarde.

Se ha sabido de algunos alumnos que se han declarado en quiebra a la corta edad de veinte años, una espina que pesará en su sumario de crédito durante diez largos años. Puede haber una salida. *(Ver Capítulos 7, 8 y 9)*

OBTENER TARJETAS

Un estudio reciente muestra que cerca del 79% de los estudiantes tienen tarjetas de crédito, y la deuda promedio en ellas es de $2,600 por estudiante. Si por alguna razón el estudiante no puede hacer siquiera el pago mínimo, el resultado a largo plazo puede ser muy duro. Los cobradores pueden hacer de su vida un martirio. Además, tendrán una mancha en su perfil durante siete años.

Conozca sus derechos cuando trate con cobradores. *(Ver cobradores—Capítulo 6)*

Tarjetas para jóvenes de universidad

HECHO: Con una deuda en la tarjeta de crédito de $1,500 al 22.8%, pagando únicamente el mínimo de $25.00 por mes, los pagos se extenderían hasta la próxima era de hielo. Esto se ha convertido en un asunto de gran preocupación para los reguladores federales de la banca. Por lo tanto, en enero de 2003, la Reserva Federal, la Oficina del Controlador de la Moneda y otros reguladores federales emitieron las guías que exigen que los emisores de tarjetas de crédito incrementen los pagos mínimos mensuales de un *2 por ciento mínimo* a por lo menos un *4 por ciento mínimo* cada mes *a partir del 1 de enero de 2006*. Por lo tanto es muy importante asegurarse que lo que gaste en tarjetas de crédito corresponda a su capacidad de poder pagar por lo menos el 4 por ciento o más del capital que debe más el interés mensual.

Mientras la mayoría de los estudiantes universitarios manejan responsablemente su crédito, hay algunas historias horribles que pueden contarse acerca de otros. Un enfoque más sensato para compensar el activo mercadeo frente a los estudiantes sería exigir que un padre o guardián firmaran también la solicitud, con un techo de crédito apropiado. El estudiante debería ser conciente de las reglas de la deuda de tarjeta de crédito y de la obligación de repago antes que vaya a la universidad, y así sería menos propenso a acumular una gran deuda en su tarjeta.

ADVERTENCIA

Si el estudiante no realiza los pagos acordados a tiempo, el perfil del codeudor se verá manchado durante siete años.

Tener una tarjeta de crédito en la universidad es una posesión valiosa, en *caso de una emergencia.* David Hunt, Presidente de AT&T Universal Card Service, tiene una regla valiosa que debe tenerse en mente.

Regla de Hunt: "Si puede comerlo, beberlo o vestirse de ello, no es una emergencia".

EL LADO OSCURO

Muchos estudiantes universitarios manejan bien el crédito. Pero hay algunas historias horribles sobre los otros.

HECHO: Mitzi Pool, una estudiante de primer año en la Universidad de Oklahoma, estaba tan agobiada por una deuda de $2.500 en su tarjeta de crédito y por el acoso incesante de los cobradores, que en 1997 se ahorcó en su dormitorio  dejando a la vista sus facturas y chequera para que todos los vieran.

Sean Moyer también es otro joven estudiante de universidad que se quitó la vida por lo que parecía ser una abrumadora carga de deudas en su tarjeta de crédito.

Para más información sobre estos trágicos eventos, vaya a la siguiente página Web: *www.consumerjungle.org.*

ESTO NO TENÍA POR QUÉ PASAR. *Si tan sólo hubieran sabido dónde pedir ayuda.*

Las altas deudas en tarjetas de crédito están perjudicando el desempeño académico y los registros de crédito a largo plazo de los estudiantes, según Robert Manning, un profesor visitante en la Universidad de Georgetown.

Los estudiantes que tienen una gran carga en deudas deben tener trabajos de tiempo parcial para pagar sus deudas. Esto conduce a malos resultados académicos, y en algunos casos los estudiantes deben abandonar la universidad del todo y trabajar tiempo completo para cumplir con sus obligaciones.

Su Informe de Crédito

Algunos empleadores y escuelas de postgrado están empezando a rechazar aspirantes que han tenido un mal historial de crédito en la universidad. Los malos perfiles hacen difícil para los graduados rentar apartamentos, financiar autos, etc., una vez que entran a la fuerza laboral. Pero es posible reconstruir ese record a un nivel aceptable. *(Ver capítulo 7)*

Reimpreso con permiso de Chip Bok and Creators Syndicate

CONSEJO: Sea muy meticuloso al elegir la tarjeta de crédito adecuada. La cuota anual, una tasa de interés alta y otras cargas pueden perjudicarle muy rápidamente.

PASE SOBRE ESTA TARJETA

- Emisor   La mayoría de las compañías de tarjetas de crédito

- Cuota anual   Ninguno

- Tasa de interés   23.99% *(¡exorbitante!)*

- Pago atrasado $35.00

- Sobregiro $39.00

- Período de gracia   **Ninguno**

Cuando esté buscando una tarjeta de crédito, examine todos los elementos anteriores y lea la letra pequeña (si puede). Cuidado con las tentadoras tasas bajas que milagrosamente se convierten en altas tasas de interés con el tiempo.

La Junta de la Reserva Federal ha estado intentando forzar a las compañías de tarjetas de crédito a agrandar la letra pequeña en sus volantes y contratos. Esta es la parte que usted posiblemente no lee cuidadosamente y la que le sorprenderá y morderá. Es la parte peligrosa de los volantes y aplicaciones de las tarjetas de crédito.

Aunque la Junta no tuvo éxito, una ley apoyada por el Senador Charles Schumer de Nueva York y pasada por el Congreso, exige que se muestren todas las tasas de interés, cobros y multas de los emisores de tarjetas de crédito, impresas en "el recuadro Schumer" (por el Senador Schumer) en un tipo de letra que los consumidores puedan leer. El recuadro puede ayudarle a entender la naturaleza de la deuda que usted puede estar adquiriendo. Pero, con o sin "el recuadro", una información honesta y completa parece no estar en la agenda de las compañías de tarjetas de crédito.

No hay un sustituto para una profunda revisión del formulario y volante de solicitud de tarjeta de crédito que desee llenar **antes de** solicitar la tarjeta. El formulario de solicitud con toda su letra pequeña se convierte en su contrato con el emisor de la tarjeta. Aún entonces, los anuncios aparentemente inocuos que los emisores de las tarjetas envían con sus facturas y extractos pueden cambiar los términos de su acuerdo inicial. Si usted utiliza su tarjeta después de recibir dicho(s) aviso(s), estará obligado por los términos del(los) cambio(s), aún si usted nunca vio el aviso que le enviaron.

CUIDADO CON LOS CONTENIDOS DE LAS FACTURAS Y EXTRACTOS DE SU TARJETA DE CRÉDITO

Durante muchos años, las compañías de tarjetas de crédito y la industria bancaria en general han estado presionando en el Congreso para cambiar las Leyes de Quiebra y hacer más difícil que los deudores de tarjetas de crédito y otros deudores declaren la quiebra y liquiden sus deudas. Sus esfuerzos finalmente han tenido frutos. En 2005, el Congreso pasó una ley que se conoce como la Ley de Abuso de la Quiebra y Protección del Consumidor.

La ley entró en vigor el 17 de octubre de 2005. Esta ley ha hecho muy difícil eliminar y liquidar las deudas de tarjetas de crédito y otras deudas basándose en la quiebra.

Usted debe saber que la simple presentación de una petición de quiebra afectará negativamente su reporte de crédito y su puntaje de crédito, aún si su deuda finalmente no fue liquidada por la corte de quiebra. Es importante asegurarse en consultar con un abogado *antes de* intentar presentar una solicitud de quiebra. Si la corte niega su solicitud, usted deberá pagar sus deudas a la vez que daña su reporte y puntaje de crédito por la simple solicitud de quiebra. *(Ver capítulo 9)*

TARJETAS VISA BUXX

Justo cuando usted creía que los jóvenes de universidad estaban siendo duramente asaltados por el mercadeo de tarjetas, aparece otro plan— emitir tarjetas para jóvenes de secundaria desde los catorce años.

Esta, llamada *Buxx*, es una tarjeta débito ligada a la cuenta bancaria del padre. Tiene un límite fijo de gasto, en la que el padre depositará la cantidad asignada semanal o mensual del adolescente.

Un emisor de tarjetas (Capital One) dice que es ideal para jóvenes cuyos padres están tratando de enseñarles la responsabilidad financiera de largo plazo.

Estas tarjetas prepagadas se mercadean en sitios Web de adolescentes. Dado el alto grado de supervisión de los padres, esta tarjeta podría ser muy aceptada. Por otra parte, están aquellos que consideran que eso es demasiado pronto.

CAPÍTULO TRES

Capacidad Financiera

EXAMEN DE CAPACIDAD FINANCIERA

"Compre ahora y pague después" podría dejarlo con más facturas que dinero cada mes.

Pedir prestado para pagar las facturas puede también traerle angustias y tormentos. Tome este pequeño examen para valorar su aptitud financiera.

	SÍ	NO
1. ¿Está usted usando más de su ingreso para pagar las deudas?	☐	☐
2. ¿Hace usted únicamente los pagos mínimos sobre sus facturas cada mes?	☐	☐
3. ¿Está usted cerca al límite de sus tarjetas de crédito, cerca a él o por encima?	☐	☐
4. ¿Está usted pagando sus facturas con dinero que tenía destinado para otras cosas?	☐	☐
5. ¿Está usted pidiendo dinero prestado o usando las tarjetas de crédito para pagar las cosas que usted pagaba en efectivo?	☐	☐

	SÍ	NO
6. ¿Frecuentemente paga sus facturas con dinero que tenía destinado para otras cosas?	☐	☐
7. ¿Está usted tocando sus ahorros para pagar las facturas actuales?	☐	☐
8. ¿Pospone visitas al doctor o al odontólogo porque no puede pagarlas?	☐	☐
9. ¿Recientemente ha recibido llamadas de una agencia de cobranza por facturas vencidas?	☐	☐
10. ¿Está usted trabajando en dos lugares para cumplir con los compromisos?	☐	☐
11. ¿Si usted o su cónyuge han perdido su empleo, estarán inmediatamente en problemas financieros?	☐	☐
12. ¿Se preocupa mucho por dinero?	☐	☐

SU ESTADO FINANCIERO

Si respondió que **no** a todas las doce preguntas del examen, usted está en un maravilloso estado financiero.

Dos respuestas afirmativas podría ser una alerta para posibles problemas más adelante. Tal vez es hora de revisar su presupuesto y hábitos de gastos.

Cinco respuestas afirmativas podrían significar que usted ya está sobre un camino inestable hacia un problema financiero. Cree un presupuesto mensual y sígalo. Manténgase frugal hasta que pueda responder que no a todas las preguntas del examen.

Más de cinco respuestas afirmativas y usted ya puede estar en serios problemas financieros. No se desespere y no se rinda. **BUSQUE AYUDA.** *(Ver capítulo 7)*

Permiso para reimprimir otorgado por Consumer Credit Counseling Service (CCCS) por V.P. Judy McCoid.

SU VALOR NETO

Ahora es el momento justo para averiguar su valor neto, porque es un paso fundamental para aprender a manejar su dinero. Pruébelo, es fácil.

Armemos un balance general que resumirá lo que tiene y lo que debe – sus activos totales y sus pasivos totales. La diferencia entre los dos es su valor neto. Aprenda a controlar sus gastos, reduzca su deuda y mejore sus ahorros e inversiones.

Estableciendo y manteniendo sus metas financieras en forma razonable, experimentará un modo de vida más tranquilo.

EL MÉTODO DE LOS SIETE PASOS

Consiga una libreta y siga estos pasos fáciles.

1. Haga una lista de todo lo que posee con sus nombres: Cuentas de ahorros y corrientes, CDs, ropa, joyas, IRAs, Roths, casa, condominio, etc.

2. Luego escriba el valor de mercado para cada activo. Para el seguro de vida, use el valor del efectivo.

3. Totalice sus activos.

4. Haga una lista de todo lo que debe: Tarjetas de crédito, hipoteca, préstamos estudiantiles, autos, barco, etc.

5. Ponga un valor a cada deuda.

6. Totalice sus pasivos.

7. Reste los pasivos de los activos.

Ese es su valor neto. Siga construyendo sobre ello.

Para calcular su razón de endeudamiento, divida el total de su deuda por su ingreso total. Una buena regla para seguir: Si la proporción es más que el 20%, deberá parar un poco. Pero si la proporción es 10% o menos, usted está en una muy buena posición de crédito.

RAZÓN DE ENDEUDAMIENTO SEGURA

Ingreso: (Registre todos los ingresos, después de deducciones como impuestos, discriminado en forma mensual)

	Usted	Cónyuge
Pago por tiempo completo		
Pago por tiempo parcial		
Pago de cesantías		
Indemnización a trabajadores		
Desempleo		
Seguro social		
Pensión matrimonial / manutención infantil		
Beneficios VA / reserva militar		
Ingreso por arrendamiento		
Intereses		
Dividendos		
Otros		
TOTAL INGRESO NETO		

	PAGO MENSUAL	SALDO
Préstamo de vehículo	$	
Préstamos personales		
Préstamos estudiantiles		
Otros préstamos a cuotas		
Tarjetas de crédito		
Banco		
Tienda		
Aerolínea		
Compañía de combustible		
Otros		
Líneas de crédito		
Línea de sobregiro		
Línea de préstamos sobre vivienda		
Línea de crédito personal no asegurada		
Impuestos vencidos		
Otros o deuda informal (repagos a la familia, amigos)		
Préstamo de margen de corredor		
TOTAL	$	$

Su Informe de Crédito

Trate de mantenerse lejos de este ejemplo:

"Res ispa loquitur."
(Los hechos hablan por sí mismos)

¡¡¡Mire lo que pasa si no hace un pago!!!

Tasa porcentual anual (APR) para compras	A partir de junio de 2001, **24.00%**
Otras APRs	APR de avance de dinero: 24% APR por mora: 30%. Ver explicación más adelante**
Información de tasa variable	Su APR puede variar. La APR para compras y avances en dinero se determina sumando 18.75% a la Prime Rate, pero en ningún caso será menor de 27%. La APR por delincuencia se determina sumando 21.75% a la Prime Rate, pero en ningún caso será menor de 30%. La Prime Rate usada para determinar la APR aplicable es la "Prime Rate" más alta publicada en The Wall Street Journal el 25 de cada mes anterior del mes en que inicia el ciclo de facturación.
Período de gracia para repago del saldo por compras	25 días en promedio
Método para computar el saldo por compras	Saldo Diario Promedio (incluyendo nuevas compras)
Cuota anual Cargo financiero mínimo	Ninguna
Cuota de transacción por compras	Ninguna
Cuota de transacción por avances de dinero, y cuotas por pago atrasado o por exceder el límite de crédito	Cuota de transacción por avances de dinero: 5% del avance, con un mínimo de $2 Cuota de pago atrasado: $35 Cuota por pasar el límite de crédito: $35

** La APR por mora se aplicará en el evento que usted no haga el pago mínimo requerido antes de su vencimiento por dos ciclos de facturación consecutivos o en cuatro ciclos de facturación en cualquier período de 12 meses. La APR de mora terminará cuando usted haga seis pagos consecutivos a tiempo.

Tasa porcentual anual (APR) para compras	A partir del 25 de junio de 2001 27.00%* APR avance de dinero: 27%	A partir del 25 de junio de 2001 29.75%* APR avance de dinero: 29.75%	A partir del 25 de junio de 2001 35.00%* APR avance de dinero: 35%
Otras APRs	APR por mora: 33% Ver explicación más adelante	APR por mora: 37.75% Ver explicación más adelante	APR por mora: 41% Ver explicación más adelante
Información de tasa variable	Su APR puede variar. La APR para compras y avances en dinero se determina sumando 18.75% a la Prime Rate, pero en ningún caso será menor de 27%. La APR por mora se determina sumando 24.75% a la Prime Rate, pero en ningún caso será menor de 33%. La Prime Rate usada para determinar la APR aplicable es la "Prime Rate" más alta publicada en *The Wall Street Journal* el 25 de cada mes anterior del mes en que inicia el ciclo de facturación	Su APR puede variar. La APR para compras y avances en dinero se determina sumando 20.75% a la Prime Rate, pero en ningún caso será menor de 29.75%. La APR por mora se determina sumando 26.75% a la Prime Rate, pero en ningún caso será menor de 29.75%. La Prime Rate usada para determinar la APR aplicable es la "Prime Rate" más alta publicada en *The Wall Street Journal* el 25 de cada mes anterior del mes en que inicia el ciclo de facturación	Su APR puede variar. La APR para compras y avances en dinero se determina sumando 26% a la Prime Rate, pero en ningún caso será menor de 35%. La APR por mora se determina sumando 32% a la Prime Rate, pero en ningún caso será menor de 41%. La Prime Rate usada para determinar la APR aplicable es la "Prime Rate" más alta publicada en *The Wall Street Journal* el 25 de cada mes anterior del mes en que inicia el ciclo de facturación

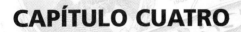

CAPÍTULO CUATRO

Reporte y facturación justos del crédito

FACTURACIÓN JUSTA DE CRÉDITO

Si necesita discutir un elemento o una cuenta de línea de crédito o rotatoria, no acuda a una compañía de reparación de crédito cuando usted mismo puede hacerlo.

La Ley de Facturación Justa de Créditos (FCBA) fue aprobada por el Congreso para ayudar a los clientes a resolver disputas con los acreedores para asegurar un manejo justo de las cuentas de crédito. Aplica únicamente a cuentas de línea de crédito y rotativas.

Los errores de facturación en cuentas regulares que cubre la FCBA incluyen los siguientes:

- Cobros no hechos por usted o por un usuario autorizado.

- Cobros definidos mal o incorrectamente, cantidad errada, fecha errada.

- Bienes no aceptados por usted o no despachados según lo acordado.

- Pagos o créditos no mostrados.

- Cobros por los cuales usted pida una explicación o una prueba escrita de la compra.

LA LEY DE REPORTE JUSTO DE CRÉDITO

La Ley de Reporte Justo de Crédito protege al consumidor exigiendo a las centrales de crédito a suministrar información sólida que sea completa y correcta a los comercios, para que éstos puedan evaluar mejor las solicitudes de crédito, empleo o seguro.

Como en la FCBA, las centrales de crédito tienen que mantener archivos limpios y deben investigar cualquier discusión sobre la exactitud de la información en los expedientes de crédito.

Los informes de crédito no están disponibles a personas que no tienen una razón legítima para acceder a esta información confidencial.

CÓMO SE CONSTRUYE EL EXPEDIENTE

Si usted alguna vez ha solicitado un préstamo, una tarjeta de crédito de una tienda, un seguro o un empleo, es posible que una central mantenga un expediente suyo. Este expediente también puede contener información, buena y mala, acerca de su historial de pagos, registros judiciales, record policíaco, quiebra y mucho más.

COMO USAR EL MÉTODO DE SOLUCIÓN DE CONTROVERSIAS DE LA LEY DE FACTURACIÓN JUSTA DE CRÉDITO

Si encuentra un error en su factura, *escriba, no llame.* Una llamada telefónica no producirá una respuesta adecuada. Su carta debe llegar al acreedor dentro de los sesenta días siguientes al primer envío.

Es mejor escribir su mensaje a mano en vez de escribirlo a máquina. La razón es que el acreedor puede pensar que es un formulario de reparación de crédito y no actuar de una forma rápida.

Su carta debe incluir los siguientes datos:

- Su nombre, dirección y número de cuenta.

- Su reclamación por un error de facturación y la cantidad.

- Establezca las razones por las que cree haber hallado un error.

- Envíe copias de toda la documentación pertinente.

- Use correo certificado, con recibo a devolver.

- Mantenga un registro.

EL BALÓN ESTÁ AHORA EN EL LADO DEL ACREEDOR

Su carta de inconformidad debe ser reconocida dentro de los 30 días siguientes. Luego, dentro de los siguientes 90 días, el acreedor debe investigar su reclamación y corregir su error o demostrar que es correcto.

Hay multas para un acreedor que no siga las reglas de la FCBA. Usted también tiene el derecho de demandar a un acreedor que viole esas reglas.

Para más información o para reportar violaciones de la Ley de Facturación Justa de Crédito, escriba, llame o envíe un correo electrónico a la Federal Trade Commission. Ellos hacen cumplir las reglas de la FCBA.

Consumer Response Center
600 Pennsylvania Ave., N.W., Room 130-A
Federal Trade Commission
Washington, D.C. 20580
Teléfono de la central de ayuda
1-877-FTC-HELP
(1-877-382-4357)
Sitio Web: *www.ftc.gov*

Su Informe de Crédito

Cuando usted recibe su informe de crédito de una central de crédito, ellos también enviarán una carta muy clara explicando una cantidad de información que usted debería saber, por ejemplo, cómo se recogen los datos, cuentas abiertas o cerradas, su derecho de reparación y mucho, mucho más. A continuación hay una versión abreviada de esa carta.

Estimado consumidor:

Adjunto está una copia de su informe de crédito junto con explicaciones de la información que contiene. El informe es válido durante 90 días. Por favor revise todos los datos, y si considera que alguna parte no es precisa, notifíquenos dentro de ese período de 90 días, porque los informes son actualizados constantemente.

FUENTE DE LA INFORMACIÓN

La mayoría de los datos en su informe de crédito vienen de compañías donde usted ha tenido crédito, como bancos, tiendas, emisores de tarjetas de crédito, etc. Otra información como quiebras, juicios, demandas y retenciones de impuestos provienen de registros públicos de distintos sistemas judiciales.

CÓMO LEER SU INFORME

El uso de su crédito ofrece detalles sobre sus cuentas, mostrando hasta 24 meses de historia de saldo, su límite de crédito, saldo alto o la cantidad original de préstamo.

Consultas: Esta parte le muestra quién ha mirado a la información de su expediente durante los últimos dos años.

La información personal sobre usted incluye información que ha sido reportada a las centrales de riesgo por usted, sus acreedores y otras fuentes.

- Nombre(s): Si se reportaron variaciones en su nombre a la central, ellas aparecerán en esta sección.

- Sus direcciones actuales y pasadas se mostrarán aquí y dirán si usted es propietario o arrendatario.

- Números del seguro social: Como medida de precaución de seguridad, las centrales de crédito no muestran su número del seguro social.

Su Informe de Crédito

- Información de verificación: Información que usted suministra a un acreedor como fecha de nacimiento, número de licencia de conducir, números de teléfono de casa y negocio y nombre del cónyuge.

- Sus empleadores actuales y anteriores

Si tiene preguntas después de revisar su informe, llame a la central de crédito.

Las agencias de reporte de crédito están regidas por la Ley de Reporte Justo de Crédito (FCRA) y las leyes estatales concordantes. La FCRA permite a las agencias incluir información positiva en su reporte siempre.

La ley federal permite que información negativa como pagos atrasados o una cuenta remitida a una agencia de cobro permanezca en su informe de crédito durante siete años. Las quiebras permanecen por diez años.

QUÉ HACER SI NO ESTÁ DE ACUERDO CON LA INFORMACIÓN

Hágale saber a la central de crédito en *un plazo de 90 días* si encuentra información que usted considera que no es correcta. Ellos verificarán la información sin costo para usted. Escríbales acerca de su inconformidad. La dirección aparece en su informe de crédito. Si escribe, por favor sea lo más específico posible e incluya los documentos pertinentes.

Cuando ellos reciben su queja, pedirán a las fuentes de la información que revisen sus registros. La información incorrecta será cambiada, la información que no pueda ser verificada será borrada. El proceso toma cerca de 30 días. Cuando la investigación está completa, le enviarán los resultados de la misma. Si no está de acuerdo, puede pedir que se añada una declaración corta (más o menos 100 palabras) a su informe. También puede pedir el nombre y dirección de la fuente de su nueva investigación.

Las disputas frívolas o irrelevantes no serán verificadas. Por favor tenga en cuenta que nadie puede hacer que desaparezca de su informe una información exacta, actual y verificable. Tal vez usted quiera verificar con la Better Business Bureau o con una agencia local de protección al consumidor antes de contactar o pagar los servicios de reparación de crédito.

MUESTRA DE UNA CARTA DE DISPUTA

Estimados señores:

Por favor investiguen las siguientes cuentas y consultas y retírelas de mi expediente. Estos elementos no son míos y están dañando mi historia de crédito.

Nombre del suscriptor
del suscriptor
Cuenta #

Las siguientes consultas no fueron autorizadas por mí, por favor retírelas.

Nombre del suscriptor
del suscriptor
Fecha de la consulta

A la terminación de su riguroso examen, por favor envíenme una copia actualizada de mi informe.

Gracias.

Su firma.

Reporte y facturación justos del crédito

FORMULARIO DE SOLICITUD DE INVESTIGACIÓN
Por favor complete la siguiente información personal

Nombre _____
        Nombre   inicial   apellido

Dirección _____
        Núm y calle   apartamento

Núm de Seg. Social _____

Teléfono de casa _____

Fecha de nacimiento _____

Empleo _____

Firma _____
                          fecha

> Se requiere la información y firma del (la) cónyuge sólo cuando estén discutiendo información.
>
> Nombre _____
> Núm de Seg. Social _____
> Fecha de nacimiento _____
> Empleo _____
> Firma _____
>   fecha

SI SU INFORME CAMBIA DESPUÉS DE NUESTRA INVESTIGACIÓN, O SI SE AÑADE UNA DECLARACIÓN AL CONSUMIDOR, SE ENVIARÁ UN INFORME ACTUALIZADO A LAS COMPAÑÍAS QUE USTED LISTÓ A CONTINUACIÓN, QUE HAYAN RECIBIDO SU INFORME EN LOS ÚLTIMOS 2 AÑOS PARA EFECTOS DE EMPLEO, O EN EL ÚLTIMO AÑO POR CUALQUIER OTRA RAZÓN.

1. _____   3. _____
2. _____   4. _____

Si no está de acuerdo con la exactitud o la integridad de cualquier otra información, por favor anótelo a continuación. Use el reverso si es necesario.

NOMBRE DE LA COMPAÑÍA _____   NOMBRE DE LA COMPAÑÍA _____
NÚMERO DE CUENTA _____   NÚMERO DE CUENTA_____
☐ NO ES MI CUENTA ☐ NUNCA PAGÓ TARDE   ☐ NO ES MI CUENTA ☐ NUNCA PAGÓ TARDE
☐ EN QUIEBRA   ☐ PAGÓ TOTALMENTE   ☐ EN QUIEBRA   ☐ PAGÓ TOTALMENTE
☐ PAGÓ ANTES DE TRASLADAR SU COBRO   ☐ PAGÓ ANTES DE TRASLADAR SU COBRO
☐ OTROS _____   ☐ OTROS _____

NOMBRE DE LA COMPAÑÍA _____   NOMBRE DE LA COMPAÑÍA _____
NÚMERO DE CUENTA _____   NÚMERO DE CUENTA_____
☐ NO ES MI CUENTA ☐ NUNCA PAGÓ TARDE   ☐ NO ES MI CUENTA ☐ NUNCA PAGÓ TARDE
☐ EN QUIEBRA   ☐ PAGÓ TOTALMENTE   ☐ EN QUIEBRA   ☐ PAGÓ TOTALMENTE
☐ PAGÓ ANTES DE TRASLADAR SU COBRO   ☐ PAGÓ ANTES DE TRASLADAR SU COBRO
☐ OTROS _____   ☐ OTROS _____

DEVUELVA ESTE FORMULARIO A LA DIRECCIÓN QUE APARECE AL FINAL DE SU INFORME DE CRÉDITO

Usted recibirá un aviso escrito sobre el resultado de su investigación. Recomendamos que no solicite un crédito mientras su disputa esté pendiente.

CHEX BANCARIO

Los bancos hablan entre sí. Usted debe estar al tanto de un proceso de investigación de antecedentes que la industria bancaria usa llamado *Chex*.

Si un cliente de un banco abusa de su cuenta corriente de forma fraudulenta, tal como girar muchos cheques malos, circulación de cheques en descubierto, etc., el banco cerrará esa cuenta y reportará ese hecho a la red *Chex*.

Ahora, si usted está solicitando abrir una cuenta en otro banco, ese banco negará la solicitud con base en la información negativa ingresada en la red *Chex* por el anterior banco.

Trate su cuenta bancaria con respeto.

CAPÍTULO CINCO
Puntajes FICO

CONOZCA SU PUNTAJE

Fair, Issac and Company, FICO, de California, desarrolló un método estadístico para determinar la probabilidad de pago de un préstamo de un solicitante. Se conocen como "Puntajes FICO".

Durante años se mantuvieron secretos. Los hallazgos se protegían tanto de prestamistas como de prestatarios, posiblemente porque estos números crudos e indefinidos no explicaban el raciocinio detrás del puntaje, bueno o malo.

Debido a la presión de varios grupos, este velo de secreto finalmente se ha levantado, y tanto los consumidores como los prestamistas pueden ahora acceder a los puntajes y a una explicación sobre cómo se asignan.

Los prestamistas hipotecarios gigantes como Fannie Mae y Freddie Mac han acudido a este método rápido para evaluar a los solicitantes en vez de usar el demorado enfoque de revisar largos informes de crédito.

PUNTAJES

Los puntajes van desde un pésimo 300 hasta un elevado 800. El siguiente sistema de porcentajes puede ayudar un poco a entender los factores involucrados en el cómputo del puntaje:

35% Registro de repago de créditos.
30% Cantidad de deuda pendiente.
15% Tamaño del historial de crédito.
10% Número de solicitudes recientes
    de crédito
<u>**10%**</u> Una combinación de la mezcla de todos
    los factores.
100%

Un puntaje de 750 es considerado de platino, o por lo menos de oro. Si su puntaje de crédito es igual o inferior a su puntaje de matemáticas en el SAT (a menos que usted sea un genio en matemáticas), usted es considerado de inferior calidad y deberá limpiar su informe antes de pedir una hipoteca.

NEGOCIE

Sólo con saber que su puntaje FICO es superior le dará un claro margen de negociación para un crédito hipotecario a una mejor tasa.

TRAMPA: Comprar una casa con una hipoteca al 100% puede no ser una buena cosa para el prestamista o el propietario.

Si el propietario no tiene patrimonio y las cosas no marchan bien, como perder el empleo, caída de las inversiones, etc., la tendencia a retirarse es muy poderosa. Es malo para el retomador de la propiedad y malo para el propietario cuyo crédito será seriamente dañado durante siete años.

La única alternativa para una nueva propiedad sería un alto pago inicial a una tasa más alta.

¿COMPRANDO VIVIENDA?

Si está pensando en la felicidad de tener un hogar, antes de proceder, obtenga su informe de crédito y puntajes FICO. Un puntaje malo podría impedirle ese sueño.

Revise que el informe de los tres Departamentos de crédito sea correcto. *(Vea la página 3.)*

BOTE LA BASURA

Busque información vieja y desactualizada. Revise las deudas y los listados de alguien con el mismo nombre. Escriba a los Departamentos para una acción correctiva.

ALIGÉRESE

Tener muchas tarjetas puede afectar su puntaje por tener acceso a demasiado crédito. Demasiadas consultas en un período muy corto también pueden bajar su puntaje.

Mantenga los saldos de sus tarjetas de crédito bajos y demuestre un record de pagos perfecto.

FINALMENTE...

Consiga una pre-aprobación de su hipoteca— usualmente 2.5 veces su ingreso anual bruto. Ahorre una cuota inicial adecuada. Un veinte por ciento de entrada evitará un costoso Seguro Privado de Hipoteca (Private Mortgage Insurance—PMI).

El gráfico siguiente es una evidencia de cómo Fair, Isaac and Company han ganado credibilidad con los años.

Su Informe de Crédito

APRENDIENDO A MANTENER SU PUNTAJE

El modelo de puntaje de FICO de Fair Issac and Co., usado por las tres agencias de reporte de crédito más importantes, ayuda a los prestamistas a determinar el riesgo. Un puntaje alto significa tasas y términos más favorables para un préstamo; un puntaje bajo puede hacer más difícil asegurar un préstamo. Así es como los puntajes FICO de los consumidores se califican a nivel nacional...

DISTRIBUCIÓN NACIONAL DE LOS PUNTAJES FICO
PORCENTAJE DE LOS PUNTAJES FICO

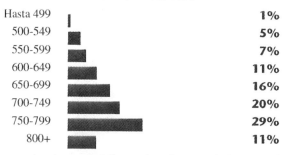

Hasta 499	**1%**
500-549	**5%**
550-599	**7%**
600-649	**11%**
650-699	**16%**
700-749	**20%**
750-799	**29%**
800+	**11%**

... y cómo la tasa de delincuencia – el porcentaje de prestatarios que alcanza vencimientos de 90 días o más en cualquier cuenta en un período de dos años – coincide con el puntaje de crédito.

TASA DE MORA DE PUNTAJE FICO

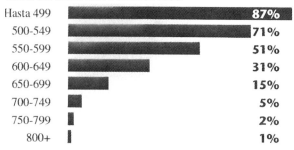

Hasta 499	**87%**
500-549	**71%**
550-599	**51%**
600-649	**31%**
650-699	**15%**
700-749	**5%**
750-799	**2%**
800+	**1%**

Fuente: Fair, Issac and Co.

QUIÉN TIENE MAL CRÉDITO

- 47% de los afro-americanos tienen mal crédito.

- 34% de los hispanos tienen mal crédito.

- 27% de los blancos tienen mal crédito.

Personas con ingresos menores a $25,000

- 47% de los afro-americanos tienen mal crédito.

- 39% de los hispanos tienen mal crédito.

- 36% de todas las personas tienen mal crédito.

- 31% de los blancos tienen mal crédito.

- 22% de los asiáticos tienen mal crédito.

Personas con ingresos entre $65,000 – $75,000

- 34% de los afro-americanos tienen mal crédito.

- 21% de todas las personas tienen mal crédito.

- 20% de los blancos tienen mal crédito.

- 12% de los asiáticos tienen mal crédito.

NOTA: El mal crédito se define como clientes que han tenido retrasos de 90 días en un pago durante los últimos dos años, 30 días de atraso en un pago más de una vez en los últimos dos años, o tienen un record de delincuencias retrasadas, registros públicos o quiebra.

Fuente: Associated Press.

Su Informe de Crédito

Un nuevo estudio de un grupo nacional, la Association of Community Organizations for Reform Now (ACORN), encontró que las personas afro-americanas tienen menos probabilidad de conseguir una hipoteca que las personas blancas.

Las personas negras que solicitaron hipotecas convencionales tuvieron dos veces más rechazos que las personas blancas.

Las minorías de altos ingresos tuvieron una experiencia aún peor, según Pamela Reeves, de Scripps Howard News Service. Ella también anotó que los afro-americanos de altos ingresos tenían 2.63 veces más posibilidades de ser rechazados que los blancos de altos ingresos. Además, los latinos ricos tenían dos veces más posibilidades de ser rechazados que los blancos ricos.

Con este conocimiento, es imperativo que si usted está persiguiendo el sueño americano de poseer una vivienda, mejore su informe de crédito antes de solicitar una hipoteca.

PUNTAJES FICO COMO UNA FUERZA DE CONDUCCIÓN

Muchas compañías aseguradoras de autos están usando ahora los puntajes de FICO para valorar la solidez estadística personal para asegurar y dar la tarifa de prima.

Las compañías de seguros ven los puntajes como un mecanismo confiable y consistente para predecir la continua estabilidad del solicitante, y finalmente sus buenos hábitos de conducción y pago.

Algunos grupos de consumidores han expresado su preocupación acerca de cómo los puntajes pueden estar penalizando a los pobres y a las minorías mientras que premia a la población blanca de altos ingresos.

Hasta el momento no ha habido estudios estadísticos acerca de la conexión entre un mal informe de crédito y las futuras pérdidas y accidentes.

Algunos estados ya están buscando una legislación para reglamentar que los puntajes FICO no sean la única fuente que contribuya al proceso de seguros y garantías.

Parece que pagar las cuentas a tiempo es la propia recompensa.

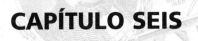

CAPÍTULO SEIS

Trabajando con cobradores

TRABAJANDO CON COBRADORES

Una vez que un acreedor se da por vencido al tratar de cobrarle una factura, se la entregarán a una agencia de cobranza, con un descuento grande. En ese momento, su informe de crédito ya ha sido salvajemente atacado.

Ahora empieza la diversión. ¡Llegó Armagedon! Los cobradores usualmente trabajan en un ambiente bastante agitado, y por obvias razones no usan sus propios nombres.

Al principio los cobradores asumen una posición fuerte y exigen el pago total de inmediato. Pero si usted conoce sus derechos, usted puede jugar su juego. Recuerde que si esta es una obligación legítima, debe ser pagada. Cómo y cuándo es otro asunto.

Usted no es un fracaso porque se ha retrasado en sus responsabilidades debido a pérdida de trabajo, enfermedad, divorcio, incendio, inundación o pestilencia.

LOS COBRADORES Y SUS DERECHOS

En 1977, el Congreso aprobó una ley llamada Ley de Prácticas Justas de Cobro de Deudas. Fue diseñada para proteger a los deudores de cobradores inescrupulosos.

Aquí hay algunos ejemplos de actos sombríos usados por los cobradores de deudas *antes de 1977.*

- Llamar a su casa muchas veces en el día o la noche.

- Llamar a su trabajo y pedir hablar con su jefe.

- Usar un directorio cruzado para obtener el nombre y número de su vecino y dejar un mensaje desagradable.

- Hacerse pasar por un abogado y amenazar con demandar, embargar su salario o llevarlo a prisión.

- Usar un lenguaje abusivo y un mal comportamiento.

CONOZCA SUS DERECHOS

1. Es ilegal que un cobrador de facturas llame o escriba a alguien diferente de usted o de su abogado.

2. Las llamadas telefónicas a su hogar están limitadas al horario entre 8 a.m. y 9 p.m.

3. No pueden usar lenguaje ni comportamiento abusivo.

4. No pueden identificarse como abogados.

5. No pueden hacer amenazas indebidas como demandas o embargos a menos que el cobrador intente emprender dicha acción.

6. Usted tiene derecho a la tranquilidad. Notifique al cobrador por escrito que usted desea que cese y desista.

Tratar con cobradores puede ser muy desagradable.

NO PERMITA QUE LOS MALDITOS LO HUMILLEN.

CONSEJO: ¡Recomiendo que mantenga una buena provisión de analgésicos, antiácidos y una bolsa de hielo a la mano!

CONSEJOS:

- Conozca sus derechos.

- Negocie con sus acreedores (sólo duele un momento).

- Manténgase lejos de los reparadores de crédito.

- Busque un servicio de asesoría de crédito de un pago al mes.

(Ver Capítulos 7 y 8)

Reimpreso con permiso de Wiley Miller, Universal Press Syndicate

Los cobradores intentarán hacerle sentir culpable, aunque ellos saben que la gran mayoría son personas honestas que pagan sus facturas. Claro, hay haraganes profesionales por ahí, pero los cobradores despiadados tienden a agrupar a los malos y a los que *únicamente son desafortunados* en un solo grupo.

La gente falla cuando suceden cosas imprevistas enfermedad, divorcio, accidentes, pérdida del empleo, etc. Los prestamistas saben esto, así que fijan sus tarifas teniendo en cuenta las probabilidades de que estas fallas ocurran. Ellos cosechan grandes sumas de usted y de otros cuando las cosas van bien, y así se protegen cuando al deudor le sucede alguna pérdida.

NO SE RINDA

Las compañías de tarjetas de crédito garantizarán que borrarán el mal crédito de su expediente y cobrarán entre $300 y $1000 por ese privilegio. *Entérese que ninguna reclamación legítima puede borrarse.*

Las personas de reparación de crédito enviarán una gran cantidad de cartas protestando todos los listados. Este enfoque simplemente no funciona. No es de extrañar que la vida comercial de la mayoría de las compañías de reparación de crédito sea tan corta.

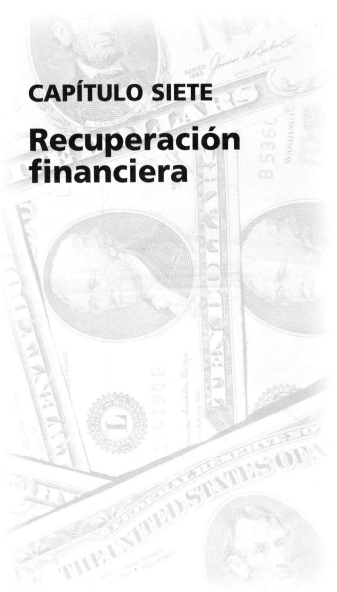

CAPÍTULO SIETE

Recuperación financiera

RECUPERACIÓN FINANCIERA

Antes de que se encienda la luz roja y usted se atrase demasiado con sus pagos, siéntese y haga algunas movidas serias de restauración.

Haga un presupuesto de corto plazo, uno que pueda cumplir. Escriba una lista completa de todo lo que tiene y todo lo que debe. El total de ingreso mensual en un lado y el total de gastos en el otro. Elimine todos los gastos que no sean necesarios.

PÓNGASE EN UNA DIETA FINANCIERA

Algunos ejemplos de gastos que usted no necesita realmente mientras intenta salir de este problema temporal.

- Cable
- Cine
- Comer afuera
- Comprar almuerzo
- La playa
- Teléfono celular
- Campo de golf
- Donaciones
- Ropa de moda
- Alquilar películas

AUSTERO—SÍ. NECESARIO—SÍ!

Esto no se trata de comer sobras ni de dormir en el auto. Es un intento fuerte para acabar con la deuda.

Su nuevo presupuesto liberará dinero para pagar a sus acreedores. Haga una hoja de cálculo con los nombres y la deuda que tiene con cada acreedor. Calcule la cantidad que pude pagar a cada cuenta mensualmente (únicamente cuentas no esenciales). Usted debe pagar sus cuentas esenciales, por ejemplo, hipoteca, servicios públicos, seguro, etc.

COMUNIQUE

Escriba a todos los acreedores (correo certificado). Mencione su nuevo plan de pagos y explique las razones por las que se atrasó (pérdida de trabajo, enfermedad, accidente, etc.). Pregunte si puede pagar una porción menor de la factura cada mes hasta que se recupere. También pídales que acaben con cualquier cobro futuro de financiación.

Créame, ellos no quieren suprimir esa cuenta, así que probablemente negociarán mientras que usted haga esa promesa y la cumpla.

Como dice Tiger Woods:
"Nunca arriba, nunca adentro"

Su Informe de Crédito

Su nuevo presupuesto es justo para todos los acreedores porque ninguno recibe su pago antes que los demás. Pero esto puede no ser suficiente para algunos.

Si lo están agobiando la ansiedad diaria y la presión, una crisis emocional será inminente. Si este es el caso, pida ayuda inmediatamente. Deje que alguien más asuma los golpes. No intente pegarle a las bolas que le lanzan las firmas de reparación de crédito. Nadie puede garantizarle que borrará datos legítimos de su expediente. Además, sus cuotas iniciales pueden variar desde los $350 hasta los $3,500.

Piense cuidadosamente en usar el Consumer Credit Counseling Service (CCCS). Ellos tienen más de veinticinco años de experiencia y 700 oficinas en 50 estados en todo el país.

La CCCS es un servicio de asesoría sin ánimo de lucro que ha obtenido altas calificaciones a través de los años.

Para saber cuál es la oficina más cercana a usted, llame a The National Foundation for Consumer Credit Inc. al 800-388-2227. Ellos pueden ofrecerle asesoría financiera confidencial a bajo costo, si no gratis, a aquellos que más la necesitan. Su sitio Web es: *www.nfcc.org*.

PLAN DE UN CHEQUE AL MES

Mientras trabaja con su servicio de asesoría de crédito, examine su presupuesto y calcule muy cuidadosamente la cantidad de dinero que puede pagar mensualmente a sus acreedores.

Envíe esa suma en cheque u orden de dinero a la firma de asesoría cada mes. Ellos, a su vez repartirán los fondos a sus prestamistas. Lleve un registro.

Mantenga su lado del pacto religiosamente, y muy pronto, afortunadamente, usted podrá ver la luz al final del túnel.

SANAR

Si sus cobradores siguen llamando, dígales que usted conoce sus derechos. Hable de las razones por las que está en esta situación. Dígales que usted simplemente no tiene el dinero ahora. Mantenga su curso, sea cortés, no pierda su temperamento.

Recuérdeles de su programa de presupuesto y su decisión de apegarse a él. Envíeles una copia, esto podría detener las llamadas.

Pague a la agencia con un giro monetario de la oficina postal, o de una tienda como 7-11, o de un banco que no sea el suyo. No revele ningún cambio de lugar de trabajo o dirección. Si sigue su plan, estará en la vía hacia la recuperación.

CONSEJO: A medida que paga una cuenta, tome el dinero que les estaba enviando y aplíquelo a otro acreedor de su plan. NO LO GASTE.

*No olvide ahorrar cerca de un 5% del salario neto para un fondo de "días lluviosos". Lo inesperado **puede** y de hecho **sucede.***

TRABAJAR CON AQUELLOS MOLESTOS PAGOS MENSUALES

Sólo usted sabrá qué tan difícil es mantenerse dentro del presupuesto mes tras mes. Podría tomar años de seria dedicación, vida estoica y un gran sacrificio para completar este plan de recuperación, pero vale la pena.

SEA UN GRADUADO DEL CCCS

El Servicio de Asesoría de Crédito de Consumidor (Consumer Credit Counseling Service) también tiene un plan de reestablecimiento de crédito que funciona. Más o menos dos meses después de hacer su último pago al CCCS, obtenga copias nuevas de sus informes de crédito. Si todos están cantando la misma canción, usted está "finalmente libre".

Cuando solicite renovar su salud de crédito, la mayoría de los prestamistas lo mirarán con buenos ojos por haberse graduado.

DEUDORES ANÓNIMOS

Si nada más funciona para frenar sus hábitos cada vez más elevados, pruebe Deudores Anónimos, que sigue el modelo de Alcohólicos Anónimos. Esta sería la última oportunidad. Pida información acerca de los grupos locales de apoyo.

Contáctelos en:

Debtors Anonymous
P.O. Box 920888
Needham, MA 02492-0009
781-453-2743
Sitio Web: *www.debtorsanonymous.org*

"Hola, mi nombre es Doug y soy un deudor".

Si se siente incómodo asistiendo a sus reuniones, pídales que le envíen algo de literatura a su casa. Estudie el material y aplique los correctivos que pueda implementar usted mismo. Manténgase allí.

AQUÍ YACE

EL SR. DEUDA

**MUERTO PERO
NO OLVIDADO**

Q. E. P. D.

*"Si usted no sabe a dónde va, usted
puede que no llegue".*

Yogi Berra

HECHO: Según la revista Consumer Reports,
el número de deudores sobrepasados está
creciendo. Muchos están acudiendo a asesores
de crédito para tomar un plan de un cheque al
mes. Sólo en el 2000, se reportó que más de 3
millones de deudores han acudido a la industria
de asesoría de crédito.

Las cifras son alarmantes. Las deudas de
crédito de consumidores (sin hipotecas y
otros préstamos) han aumentado a niveles
insostenibles. Aquí hay algunas cifras
reveladoras:

Deudas de crédito de consumidores en miles de millones de US$

1990	$824	2001	$1,857
1995	$1,168	2002	$1,938
1999	$1,543	2003	$2,040
2000	$1,719		

Fuente: *U.S. Census Bureau, Statistical Abstract of the United States 2004-2005*

El fenomenal incremento en las deudas de créditos de consumidores han mostrado una coincidencia en el aumento alarmante en quiebras de consumidores, que se dispararon de menos de 288,000 en 1980 a más de 1.6 millones sólo en el 2003. Aquí hay algunos datos reveladores:

Solicitudes de quiebra individual en cifras corrientes

1980	287,463*	1999	1,352,030
1990	660,796	2000	1,240,012
1995	806,816	2001	1,349,471
1997	1,263,006	2002	1,466,105
1998	1,379,249	2003	1,613,097

Fuente: U.S. Census Bureau, *Statistical Abstract of the United States 2004-2005.* *Datos para 1980 de *Consumer Reports*, noviembre de 2005, página 12. Las cifras para el 2005 se espera que eclipsen los números tabulados.

Su Informe de Crédito

¡Estos números son asombrosos! ¡Las solicitudes de quiebras individuales en 2003 son más que la población total combinada de dos o más de estados pequeños! Y aun así mayores deudas de consumidores y de quiebras vinieron después de la desregulación de la industria de tarjetas de crédito a principios de la década de los 80s.

La era del crédito fácil también es la era de quiebra segura, si no se cuida. Proteja su informe y puntaje de crédito. SIGA LEYENDO ESTE LIBRO.

Non Sequitur © Wiley Miller, distribuido por Universal Press Syndicate Reimpreso con permiso. Todos los derechos reservados.

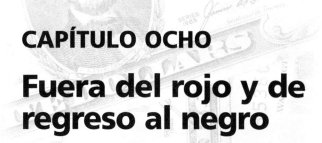

CAPÍTULO OCHO

Fuera del rojo y de regreso al negro

DE REGRESO AL NEGRO

El camino "de regreso al negro" es uno muy transitado. Considere las más de uno y medio millones de solicitudes de quiebra presentadas sólo en el 2003, y los millones más que están en el régimen de restricción para rebajar las proporciones de deudas, a fin de salir de la zona roja.

Para reestablecer el crédito, uno debe primero entender lo que los prestamistas buscan en un expediente de crédito:

ESTAS SON:

Habilidad   Capacidad de repago de préstamos.

Tiempo en el trabajo: Dos años o más.

Integridad   Hábitos de pago anteriores.

Permanencia en la residencia

Seguridad   Ser propietario de su propio hogar.

Cuenta corriente.

Cuenta de ahorros.

Teléfono a su nombre.

Luego, vaya a hablar con su amigo funcionario del banco. Dígale que usted está intentando recuperar su crédito. Ofrézcale depositar $500.00 en una cuenta como garantía para un préstamo de $500.00. Esto crea un "préstamo asegurado".

Lo más probable es que acceda, si no lo hace, vaya a otra parte. Pague el crédito según lo acordado o más rápido. La central de crédito no sabrá que es un préstamo asegurado, pero asegúrese que lo paga antes de solicitar otro préstamo.

La mayoría de las tiendas de cadena le darán una tarjeta de cargos si usted tiene una Visa o MasterCard vigente. Use la tarjeta y cumpla con los pagos. Asegúrese que la tienda informe a las Tres Grandes regularmente.

Los prestamistas de segundo nivel, como Household Finance y GMAC son considerados "prestamistas de último recurso", así que evítelos siempre que sea posible. Algunos no informan, así que hacer solicitudes a ellos no mejorará su informe.

Para empezar a regresar a la salud financiera, inicie el proceso solicitando una tarjeta de crédito asegurada. Las tarjetas aseguradas son mucho más fáciles de obtener y son un escalón vital en su camino hacia la recuperación. El banco exigirá un depósito de seguridad, que debe ser igual a su límite de crédito.

Su Informe de Crédito

La buena noticia es que la tarjeta no se reporta como asegurada. Haga los pagos según lo acordado, a tiempo, nunca tarde. Una vez que haya probado su integridad (uno o dos años), el banco, cuando se lo pida, probablemente aumentará el límite de crédito y le regresará el depósito de seguridad con intereses. Recuerde—¡no haga gastos que excedan el límite, nada de cheques malos!

Tener una tarjeta de crédito es una bendición cuando se trata de emergencias.

Su tía favorita muere en Des Moines. Para asistir, necesita esa tarjeta para un boleto de avión, rentar un auto y hacer reservaciones de hotel, más alimentación y flores.

Vienen a la mente muchos otros eventos no programados, Por ejemplo que el auto se estropee cuando está de vacaciones. Trate bien esa tarjeta.

Algunos bancos son muy ansiosos a emitir tarjetas de crédito. Fíjese cómo hacen publicidad agresiva en radio, televisión, periódicos, etc. Estos bancos ganan grandes cantidades de dinero en tasas de interés y cuotas anuales. Ellos quieren que usted tenga su tarjeta. Consiga una solicitud y llénela.

CONSEJOS:

- Escriba claramente.

- Asegúrese que su informe de crédito sea correcto.

- Liste las cuentas corrientes y de ahorros, aunque los saldos sean bajos.

- Calcule la proporción de deuda a ingresos. (Sume todas sus deudas mensuales y divídalas por su ingreso bruto mensual. Trate de mantenerlo cerca de un saludable 10%).

- Haga que su teléfono aparezca a su nombre.

- Diga la verdad.

Las tarjetas de crédito aseguradas son mucho más fáciles de obtener y son un escalón vital en su camino hacia la recuperación.

RECONSTRUCCIÓN

La mayoría de los concesionarios de autos no reportan a las centrales de crédito, así que si usted está buscando un auto nuevo, no haga negocios con Sam's Used Cars. Pagarle a un comerciante de autos no mejorará su expediente. En cambio, trate de obtener una preaprobación de su banco. Si le dicen que "no", siga intentando.

Algunas tarjetas de combustible sí reportan, entonces explore las posibilidades allí.

TRAMPA: Demasiadas consultas en un corto período de tiempo producirán un efecto negativo en su registro.

Es muy importante no cargar demasiado en muchas tarjetas y sobrecargarse. Arriesgará el nuevo crédito que ha estado de establecer con tanto trabajo. Use sus tarjetas para elementos que normalmente pagaría en efectivo. Aparte ese dinero y pague los cargos totalmente cada mes. Haciendo esto, evitará el cobro de intereses.

Todo esto puede parecer mucho problema para reconstruir su crédito. Toma tiempo y determinación, pero vale la pena. ¡Buena suerte!

CAPÍTULO NUEVE
Quiebra

QUIEBRA

No hay duda que la quiebra ha sido una solución piadosa para muchos deudores abrumados por sus deudas (ver HECHOS en el Capítulo 7). Sin embargo, los cambios hechos en la ley de quiebra por la Ley de Prevención del Abuso de la Quiebra y de Protección al Consumidor han hecho que la opción de la quiebra sea restringida y limitada. La nueva ley entró en vigor el 17 de octubre de 2005.

SOLICITUD BAJO EL CAPÍTULO 7

Este era el Capítulo del Código de Quiebra bajo el cual se hacían la mayoría de solicitudes de quiebra. Ofrecía alivio de deudas ordinarias como préstamos bancarios, tarjetas de crédito y otras deudas de consumidor, facturas médicas etc., permitiendo al deudor borrar su pizarra, a menos que el deudor tuviera propiedades o dinero en efectivo por encima de cierto límite determinado por la ley estatal.

Pero aún los síndicos de la quiebra revisaban muy de cerca si usted había realizado gastos recientes de adelantos en efectivo, vacaciones, elementos de lujo, etc., antes de la solicitud. Tales acciones frecuentemente vencían los propósitos subyacentes de la quiebra y usted aún terminaba pagando por esa locura.

La nueva ley ha introducido una serie de reglas muy elevadas y rígidas que dificulta deshacerse de sus deudas y borrar su pizarra bajo el capítulo 7. El cambio principal que la nueva ley introdujo fue una fórmula compleja para que la corte de quiebras determine su capacidad de pagar su deuda. La fórmula requiere que la corte valore su habilidad de pagar sus deudas comparando su ingreso con el ingreso medio de su estado. Si su ingreso está por encima de la media de su estado, la nueva ley no le permite absolver sus deudas por quiebra bajo el capítulo 7 sin importar sus circunstancias financieras personales. En cambio, su solicitud se forzará bajo el capítulo 13, según se describe más adelante.

HECHO: Con o sin los cambios en la ley de quiebra, hay algunas deudas que no pueden eliminarse por la quiebra. Estas incluyen:

- Todos los asuntos de impuestos gubernamentales, estatales, locales o federales.

- Préstamos estudiantiles.

- Pagos de apoyo infantil.

- Pensión matrimonial.

Con o sin cambios a la ley de quiebra, hay una protección reconfortante que permite la solicitud de declaratoria de quiebra: SUS ACREEDORES Y LOS COBRADORES DEBEN PARAR DE LLAMARLO Y DE CONTACTARLO. ELLOS DEBEN PARAR Y DESISTIR DE AMENAZARLO, CONTACTARLO O ACOSARLO UNA VEZ QUE HAYAN SIDO NOTIFICADOS O CONOZCAN DE SU SOLICITUD DE QUIEBRA. SI LO HACEN, NOTIFIQUE A SU ABOGADO DE QUIEBRA PARA UNA ACCIÓN ADECUADA.

SOLICITUD BAJO EL CAPÍTULO 13:

Este es el capítulo del Código de Quiebras que le permite comprometerse a pagar su deuda en una cantidad fijada por la corte por un cierto número de años, determinado por su nivel de ingresos y gastos de vida. La nueva ley ha aumentado el número de años de sus pagos de deuda a cinco, de los anteriores dos a tres años. Después de pagar su deuda durante los años determinados por la corte, sus deudas serán cerradas sin importar qué tanto de su deuda original haya sido pagado o no.

La solicitud de quiebra bajo el Capítulo 13 le permite el mismo efecto secundario que el capítulo 7. SUS ACREEDORES Y COBRADORES NO PUEDEN ACOSARLO.

RECUERDE:

- La ley de Quiebra ha cambiado a partir del 17 de octubre de 2005. Como se sugirió anteriormente, ya que los cambios en la nueva ley han restringido sustancialmente su capacidad de deshacerse de sus deudas en la quiebra, es importante que busque asesoría de un abogado antes de presentar la petición de quiebra.

- La simple presentación de su solicitud dañará su informe y puntaje de crédito, aunque la corte rechace su petición y usted se vea obligado a pagar todas sus deudas.

- La quiebra permanecerá anotada en su informe de crédito por un período de DIEZ AÑOS. Este debe ser su último recurso para enfrentar los problemas de crédito y deuda.

- Hay vida después de la quiebra. No es el fin de su mundo. Usted puede reconstruir su crédito y ver los resultados muy pronto.

"El sol saldrá mañana".

—Anita la huerfanita

CAPÍTULO DIEZ

Préstamos
Devoradores

TRUCOS Y TRAMPAS

Evite los intrusos tiburones de crédito, especialmente aquellos que se aprovechan de a los ancianos. Sus prácticas engañosas incluyen el uso de un bajo pago artificial, para esconder un enorme pago global al final del período de abonar, que no había sido revelado.

Este pago global podría sembrar confusión en el propietario de la vivienda, y puede incluso llevarlo a la pérdida de su propiedad.

Costos de cierre exorbitantes también podrían tener como resultado la pérdida de capital sin que el propietario se dé cuenta. Esté atento, insista en tener un programa de abonos y pida a su abogado que lea la letra pequeña antes de comprometerse.

Imagínese una mujer anciana, que vive en una casa que luchó por tener durante la mayor parte de su vida. Los avisos de préstamos hipotecarios de los diarios parecían tan atractivos que solicitó un préstamo hipotecario. El prestamista le dio $50,000 en efectivo con unos pagos artificialmente bajos.

No se le mostró la letra pequeña. Cinco años más tarde, aparece el pago global de $50,000, para entonces, el dinero que la señora había pedido prestado ya había sido gastado. Además, los costos de cierre (no revelados), eran enormes. El embargo está pronto.

Si alguna vez necesita un techo nuevo para su casa y no tiene el dinero, pida un préstamo bancario si usted puede. Nunca deje que un vendedor de planta o un contratista manejen la financiación. Sus tasas usualmente incluyen comisiones muy altas que a usted no le interesan.

Trate de evitar las compañías de financiamiento también. Usualmente tienen tasas de interés más altas y su contrato puede incluir cosas adicionales, como una póliza de vida y accidentes para el crédito, que podría agravar su capacidad de pago. Estos suplementos costosos son diseñados para pagar el préstamo en caso de enfermedad o muerte. Las apuestas están en su favor si usted declina.

Si usted siente que lo están presionando a firmar, recuerde esto: Usted tiene el "derecho de retroceder". Esta provisión legal le permite tres días para escapar o anular el contrato sin ninguna multa.

"Caveat Emptor."

¡COMPRADOR, TENGA CUIDADO!

En ningún momento queremos dar a entender que todos los vendedores de planta o contratistas sean culpables de comportamiento de robo.

Ellos prestan un gran servicio muy necesario para el mercado que no es de primera clase. No todo el mundo tiene un historial de crédito limpio que les permita disponer de un préstamo de mejora de vivienda con una baja tasa inmediatamente, así que deben considerar o confiar en alternativas cuestionables, costosas o peligrosas.

Las advertencias descritas son sólo guías de precaución que debe usar cuando trate con transacciones vitales para su salud financiera. En otras palabras, esté atento.

PRÉSTAMOS CONTRA EL SALARIO

Los prestamistas que proporcionan préstamos contra el salario están cobrando cantidades de intereses *obscenos* por sus préstamos de corto plazo, especialmente si tienen clientes repetidos.

Un préstamo rotativo de $100 podría traducirse en un escandaloso 300% al año.

Este tipo de préstamos satisface una necesidad para clientes que no tienen a dónde recurrir.

Considerando las multas, es mejor que escribir cheques malos.

Estas firmas están creciendo a un ritmo impresionante. Muchas tienen fachadas de tiendas en muchos estados. Prosperan en los vecindarios más pobres donde el uso de bancos es limitado. Usted puede identificarlas por sus nombres atractivos que ofrecen dinero rápido.

¡EVÍTELOS A TODA COSTA!

CAPÍTULO ONCE

Robo de identidad

ROBO DE IDENTIDAD

En nuestra sociedad llena de documentos siempre parece haber una nueva y novedosa forma de cometer fraude. En la década de los 90 nació un nuevo crimen llamado *robo de identidad.*

Un ejemplo es cuando una red de fraude de Nigeria abrió una compañía hipotecaria falsa en California, y recibió una contraseña de un Departamento de Crédito y empezó a comprar docenas de Informes de crédito.

Con estos datos abrieron cuentas de crédito compras con crédito, rentaron autos, apartamentos, etc. Usualmente tomaba dos meses para que las personas se dieran cuenta que alguien estaba usando su buen nombre.

CÓMO LO HACEN

Los métodos usados son:

1. Pagar a un banco deshonesto o a un empleado de una tienda de cadena para copiar los expedientes de los clientes.

2. Robar carteras que tengan identificación y tarjetas de crédito.

3. Robar su correo.

4. Desviar su correo, usualmente a un apartado postal.

5. "Clavarse en el basurero"—escarbar en su basura para conseguir datos personales.

6. Usar los datos personales que usted ha compartido en la Internet.

Con estos datos en bruto, los sinvergüenzas proceden a manipular el sistema. Llaman a su compañía de tarjeta bancaria, pretenden ser usted y solicitan un cambio de dirección de facturación. Obtienen servicio telefónico a su nombre. Abren nuevas cuentas de tarjetas de crédito, las usan, y nunca pagan las facturas. Abren una cuenta bancaria a su nombre y escriben cheques malos.

CONSEJO: Cuando cene fuera y pague con tarjeta de crédito, asegúrese que la tarjeta que traiga el mesero sea la suya, especialmente en vacaciones.

Esté atento cuando haga una compra de que el cajero no deslice su tarjeta dos veces

Su Informe de Crédito

La Federal Trade Commission (FTC) tiene algunos consejos para ayudarle a protegerse del robo de identidad. Siga estas simples reglas que pueden ayudar a minimizar su riesgo.

- No revele información personal sin saber cómo será usada y compartida.

- Si sus facturas no llegan a tiempo, llame a su prestamista para averiguar. Puede ser una llamada de alerta sobre robo de identidad.

- Deposite el correo saliente en las cajas de recolección de la oficina postal.

- A menos que haya iniciado la llamada telefónica, no divulgue ninguna información personal.

- Cuidado con quienes lo llamen pretendiendo ser representantes de un banco o una agencia gubernamental.

- Triture ofertas de crédito, recibos de compra a crédito, cheques bancarios, copias de solicitudes de crédito y cualquier otro documento que tenga datos personales antes de desecharlos.

- Consiga copias anuales de su informe de crédito.

- Mantenga la información personal en su hogar en un sitio seguro, lejos de las personas de aseo, contratistas, etc.

- Use un teléfono no listado.

- Notifique a los tres Departamentos de crédito que abrirá una nueva cuenta a su nombre, ellos deberán llamarle a un número indicado para confirmar. Haga esto por correo certificado, con talón de recibo. Verifique que se haya hecho.

- Bloquee todas las ofertas previamente revisadas para que no aparezcan en su expediente de crédito. Haga esto por correo porque las llamadas telefónicas usualmente no son suficientes.

Si ha hecho todo esto, y recibe facturas por cuentas que no abrió, es el momento de un control de daños.

La FTC también recomienda que contacte a los tres Departamentos principales y les pida que *marquen su expediente* con una alerta de fraude.

Pídales que inserten una declaración para que los acreedores deberán obtener permiso para abrir una nueva cuenta a su nombre.

- Obtenga copias de sus expedientes de crédito y revíselas muy cuidadosamente.

- Presente un informe a la policía y guarde una copia para comprobar si un acreedor se la exige.

- Presente una queja ante la FTC. Puede contactarlos llamando al 1-877-idtheft. (1-877-438-4338).

Por correo, escriba a:
Identity Clearing House
Federal Trade Commission
600 Pennsylvania Avenue, NW
Washington, D.C. 20590
Sitio Web: *www.consumer.gov/idtheft*

Cuando llame a la FTC es posible que usted quiera pedir algunas otras buenas publicaciones de ellos, tales como: *Cómo Evitar el Fraude de Tarjetas de Crédito y Cargo; Tarjetas de Crédito, Débito y ATM: Qué Hacer si se Peirden o Son Robadas; El Crédito y sus Derechos como Consumidor; Estableciendo Crédito; La Verdad sobre los Créditos con Cargo Adelantado, etc.*

Cuando llame o escriba a las agencias o centrales, asegúrese de mantener un registro. Incluya los datos y los nombres de las personas con quienes ha hablado.

ORDENE SU CURSO DE ACCIÓN

Use este formulario para registrar los pasos que ha tomado para informar el uso fraudulento de su identidad. Mantenga esta lista en un lugar seguro para referencia.

Departamentos de crédito – Informe de fraude

Central	# de Teléfono	Fecha de contacto	Persona de contacto	Comentario

Bancos, emisores de tarjetas de crédito y otros acreedores

Contacte a cada acreedor de inmediato para proteger sus derechos legales.

Acreedor	Dirección y # telefónico	Fecha de contacto	Persona de contacto	Comentario

Autoridades—Reporte de robo de identidad

Agencia / Depto	# de Teléfono	Fecha de contacto	Persona de contacto	Comentario

CAPÍTULO DOCE

Privacidad

UNAS PALABRAS SOBRE LA PRIVACIDAD

En noviembre del 2000, se aprobó la Ley de Privacidad del Consumidor Financiero y se dio un plazo hasta el 30 de junio a las casas financieras para cumplirla. La ley exige que estas firmas revelen cómo obtienen su información personal, cómo y con quién comparten estos datos.

Los bancos, uniones de crédito, casas hipotecarias, compañías de seguros, etc., enviaron por correo más de un millón de estos avisos para cumplir el plazo del 1 de julio del 2001. Los envíos debían incluir material sobre cómo podía un cliente salirse de este programa de uso compartido de información.

La mayoría de estos panfletos estaban tan mal escritos y eran tan confusos que una gran *cantidad de personas* no ejercieron su derecho a participar en la *fase de retiro*. Todo esto desató una multitud de quejas a los grupos de consumidores.

La práctica de compartir información personal para propósitos promocionales es una gran fuente de ingresos para las casas financieras, así que creo que se esfuerzan para que las instrucciones no sean necesariamente complicadas.

La ráfaga de quejas de los consumidores finalmente atrajo la atención del Congreso. Se espera que el Congreso haga algunas correcciones al respecto.

Para retirar su nombre de listas de correo, use el siguiente número telefónico, dirección y sitio Web para los tres Departamentos. Suminístreles su nombre, dirección y número de seguridad social.

Número telefónico de Opt-out: 1-888-5OPTOUT (1-888-567-8688)
Sitio Web: *www.optoutprescreen.com*

TransUnion Name Removal Option
P.O. Box 505
Woodlyn, PA 19094

Use el mismo procedimiento para sus tarjetas de crédito. Envíe todas las solicitudes por correo certificado, con talón de recibo.

CONSEJO: Nunca envíe solicitudes con la misma dirección a la que se envían sus pagos. *(Ver sus extractos)*

PRIVACIDAD Y PROTECCIÓN DE FRAUDE

El fraude de tarjetas de crédito causa pérdidas de millones de dólares cada año en los EE.UU. El crimen representa un reto enorme a la privacidad y a la seguridad financiera personal.

Aquí hay algunos consejos para ayudar a protegerse, especialmente durante la temporada de vacaciones:

- Ponga sus recibos de tarjeta de crédito en su billetera, no en la bolsa de las compras. Guarde todos sus recibos.

- Cuando use un cajero automático, siempre esconda su clave de los ojos asechantes.

- Nunca deje su tarjeta de crédito desatendida en ninguna parte - auto, hotel, gimnasio, restaurante, etc.

- Siempre verifique sus facturas contra los recibos que ha guardado.

Si su tarjeta ha sido robada o se pierde, revise su "registro de tarjetas de crédito" y llame inmediatamente para reportar la pérdida.

HECHO: Las averiguaciones son un hecho constante en la vida. Algún prestamista puede estar verificando su informe buscando créditos pre-aprobados, o un actual prestamista puede revisar para ver si su préstamo aún está en la columna buena.

MÁS ACERCA DE LA PRIVACIDAD

Sí, Brother Browser le está observando. Los curiosos están en todas partes en la red.

Mientras usted navega, hay varios programas de rastreo que pueden invadir un sitio donde usted ha comprado bienes anteriormente e intentarán hacerlo un cliente de sus productos similares o complementarios.

La recolección de información personal está siendo convertida en un arte por las grandes bases de datos. La información sobre su historia médica, uso de medicamentos de receta prescripción, registro de manejar, perfil financiero, etc., está todo en juego. Esta información, y más, puede ser unida con otros bancos en búsqueda de datos y poder ser usada para enloquecerlo con llamadas de telemercadeo y bombardearlo con correo directo.

SABOREE LA CONCEPCIÓN DE LAS "COOKIES"

Una cookie se define como un elemento minúsculo que se implanta en su disco duro por orden de un servidor de un proveedor cuando usted visita su sitio. Registra sus apariciones en otros sitios para armar un modelo de sus hábitos de compra, tanto en línea como fuera de ella.

AY, QUÉ RED TAN ENREDADA TEJEMOS...

Una compañía llamada Double Click hace que su negocio sepa mucho acerca de usted. Un código de identificación implantado en la cookie puede permitir a Double Click reconocer sus visitas a sitios asociados, y si usted revela su nombre y direcciones, pueden conectarlo con sus muchas otras visitas en línea, *y hasta allí llega su secreto.*

Para ayudar a mantener su información privada, pruebe uno de los siguientes sitios en la Internet:

- Servicio de privacidad de McAfee
  www.mcafee.com

- Seguridad en Internet de Norton
  www.symantec.com

- Anonymizer.com
  www.anonymizer.com

Si usted les lanza un fuerte intento, ellos pueden ayudarle a deshacerse de todo el molesto correo basura, llamadas de mercadeo, faxes y correo basura electrónico.

Las actividades de unión de las casas financieras han empeorado más las actividades de compartir información con los afiliados. Usted puede optar para salirse de una compañía matriz, pero esa opción no se extiende a las afiliadas. Debe tratar con cada una por separado, si es que usted puede encontrar la estructura corporativa apropiada para hacerlo.

¡BUENA SUERTE!

CAPÍTULO TRECE

Creación de un nuevo expediente de crédito

CREACIÓN DE UN NUEVO EXPEDIENTE DE CRÉDITO

Algunas astutas clínicas de crédito aconsejarán a los consumidores con problemas muy graves de crédito a construir un nuevo perfil de crédito separado. (Esto no es para los tímidos)

SEGREGACIÓN DE EXPEDIENTE

Hasta hace poco, sólo algunos profesionales bien pagados, como doctores, consultores y personas del espectáculo usaban la segregación de expedientes. Tienen dos expedientes de crédito distintos, uno para lo comercial y otro para lo personal. El nuevo expediente no tiene información negativa y no usa su número de seguro social.

¿CÓMO? Establézcase como una empresa comercial para efectos bancarios y financieros y use su nuevo nombre legal.

PASOS A TOMAR

1. Cree un nombre y servicio corporativo.

2. Rente una casilla de correo (no de USPS) y use esa dirección para recibir el correo. Use el número de la casilla como su número de oficina.

3. Consiga una licencia comercial bajo ese nombre.

4. Contrate un servicio de contestador.

5. Solicite un número de identificación tributaria al Internal Revenue Service.

Cómo explican algunos no tener ningún crédito:

1. Dicen que acaban de salir de las fuerzas armadas después de haber pasado muchos años en el exterior.

2. El empleo independiente es otra razón para no tener una historia pasada de crédito o empleo.

ADVERTENCIA

Si usa este método para obtener una nueva identidad para evitar pagar a sus acreedores, *está coqueteando con el fraude.*

UN PENSAMIENTO FINAL

Usted puede liberarse de la deuda, y ha tomado el primer paso al leer este libro.

Si sigue las reglas—ahora que *conoce* las reglas—puede incorporarlas en su vida diaria... un día a la vez.

Le deseo lo mejor.

Índice

Su Informe de Crédito

Índice

NOTAS